目錄

掃一掃聽有聲經典

（三遍）

道德經

音頻二維碼

一章

道可道非常道名可名非常名無名天地之始有名萬物之母故常無欲以觀其妙常有欲以觀其徼此兩者同出而異名同謂之玄玄之又玄衆妙之門

二章

天下皆知美之爲美斯惡矣皆知善之爲善斯不善矣故有無相生難易相成長短

相形高下相傾音聲相和前後相隨是以聖人處無爲之事行不言之教萬物作焉而不爲始生而不有爲而不恃功成而弗居夫唯弗居是以不去

三章

不尚賢使民不爭不貴難得之貨使民不爲盜不見可欲使民心不亂是以聖人之治虛其心實其腹弱其志强其骨常使民無知無欲使夫智者不敢爲也爲無爲則無不治

四章

道沖，而用之或不盈。淵兮，似萬物之宗。挫其銳，解其紛，和其光，同其塵。湛兮，似或存。吾不知誰之子，象帝之先。

五章

天地不仁，以萬物爲芻狗。聖人不仁，以百姓爲芻狗。天地之間，其猶橐籥乎？虛而不屈，動而愈出。多言數窮，不如守中。

六章

谷神不死。是謂玄牝。玄牝之門。是謂天地根。綿綿若存。用之不勤。

七章

天長地久。天地所以能長且久者。以其不自生。故能長生。是以聖人後其身而身先。外其身而身存。非以其無私邪（邪同耶）。故能成其私。

八章

上善若水。水善利萬物而不爭。處衆人之

所惡。故幾于道。居善地。心善淵。與善仁。言善信。正善治。事善能。動善時。夫唯不爭。故無尤。

九章

持而盈之。不如其已。揣而鋭之。不可常保。金玉滿堂。莫之能守。富貴而驕。自遺其咎。功成身退。天之道。

十章

載營魄抱一。能無離乎。專氣致柔。能嬰兒乎。滌除玄覽。能無疵乎。愛民治國。能無知乎。天門開闔。能無雌乎。明白四達。能無爲乎。生之畜之。生而不有。爲而不恃。長而不宰。是謂玄德。

十一章

三十輻共一轂。當其無。有車之用。埏埴以爲器。當其無。有器之用。鑿户牖以爲室。當其無。有室之用。故有之以爲利。無之以爲用。

十二章

五色令人目盲。五音令人耳聾。五味令人口爽。馳騁畋獵令人心發狂。難得之貨令人行妨。是以聖人爲腹不爲目。故去彼取此。

十三章

寵辱若驚。貴大患若身。何謂寵辱若驚。寵爲下。得之若驚。失之若驚。是謂寵辱若驚。何謂貴大患若身。吾所以有大患者。爲吾有身。及吾無身。吾有何患。故貴以身爲天下。若可寄天下。愛以身爲天下。若可託天下。

十四章

視之不見名曰夷。聽之不聞名曰希。搏

之不得。名曰微。此三者。不可致詰。故混而爲一。其上不皦。其下不昧。繩繩不可名。復歸于無物。是謂無狀之狀。無物之象。是謂惚恍。迎之不見其首。隨之不見其後。執古之道。以御今之有。能知古始。是謂道紀。

十五章

古之善爲士者。微妙玄通。深不可識。夫唯不可識。故强爲之容。豫焉若冬涉川。猶兮若畏四鄰。儼兮。其若客。渙兮。若冰之將釋。敦兮。其若樸。曠兮其若谷。混兮其若濁。孰能濁以止靜之徐清。孰能安以久。動之徐生。保此道者不欲盈。夫唯不盈。故能蔽而新成。

十六章

致虛極。守靜篤。萬物并作。吾以觀復。夫物芸芸。各復歸其根。歸根曰靜。是曰復命。復命曰常。知常曰明。不知常。妄作凶。知常容。容乃公。公乃王。王乃天。天乃道。道乃久。殁身不殆。

十七章

太上下知有之。其次親而譽之。其次畏之。其次侮之。信不足焉有不信焉。悠兮其貴言。功成事遂。百姓皆謂我自然。

十八章

大道廢。有仁義。慧智出。有大僞。六親不和。有孝慈。國家昏亂。有忠臣。

十九章

絶聖棄智。民利百倍。絶仁棄義。民復孝

慈。絕巧棄利。盜賊無有。此三者以爲文不足。故令有所屬。見素抱樸。少私寡欲。

二十章

絕學無憂。唯之與阿。相去幾何。善之與惡。相去若何。人之所畏。不可不畏。荒兮其未央哉。衆人熙熙。如享太牢。如春登台。我獨泊兮其未兆。如嬰兒之未孩。儽儽兮。若無所歸。衆人皆有餘。而我獨若遺。我愚人之心也哉。沌沌兮。俗人昭昭。我獨昏昏。俗人察察。我獨悶悶。澹兮。其若海。飂兮。若無止。衆人皆有以。而我獨頑似鄙。我獨異于人。而貴食母。

二十一章

孔德之容。惟道是從。道之爲物。惟怳惟惚。惚兮怳兮。其中有象。怳兮惚兮。其中有物。窈兮冥兮。其中有精。其精甚真。其中有信。自古及今。其名不去。以閱衆甫。吾何以知衆甫之狀哉。以此。

二十二章

曲則全，枉則直，洼則盈，敝則新，少則得，多則惑。是以聖人抱一爲天下式。不自見，故明；不自是，故彰；不自伐，故有功；不自矜，故長。夫唯不爭，故天下莫能與之爭。古之所謂曲則全者，豈虚言哉！誠全而歸之。

二十三章

希言自然。故飄風不終朝，驟雨不終日。孰爲此者？天地。天地尚不能久，而况于人乎？故從事于道者。道者同于道。德者同于德。失者同于失。同于道者。道亦樂得之。同于德者。德亦樂得之。同于失者。失亦樂得之。信不足焉。有不信焉。

二十四章

企者不立。跨者不行。自見者不明。自是者不彰。自伐者無功。自矜者不長。其在道也。曰餘食贅行。物或惡之。故有道者不處。

二十五章

有物混成。先天地生。寂兮寥兮。獨立不改。周行而不殆。可以爲天下母。吾不知其名。字之曰道。强爲之名曰大。大曰逝。逝曰遠。遠曰反。故道大。天大。地大。人亦大。域中有四大。而人居其一焉。人法地。地法天。天法道。道法自然。

二十六章

重爲輕根。静爲躁君。是以聖人終日行不離輜重。雖有榮觀。燕處超然。奈何萬乘之主。

而以身輕天下。輕則失根，躁則失君。

二十七章

善行無轍迹，善言無瑕讁，善數不用籌策，善閉無關楗而不可開，善結無繩約而不可解。是以聖人常善救人，故無棄人；常善救物，故無棄物。是謂襲明。故善人者不善人之師，不善人者善人之資。不貴其師，不愛其資，雖智大迷，是謂要妙。

二十八章

知其雄。守其雌。爲天下谿。爲天下谿。常德不離。復歸于嬰兒。知其白。守其黑。爲天下式。爲天下式。常德不忒。復歸于無極。知其榮。守其辱。爲天下谷。爲天下谷。常德乃足。復歸于樸。樸散則爲器。聖人用之則爲官長。故大制不割。

二十九章

將欲取天下而爲之。吾見其不得已。天下神器。不可爲也。爲者敗之。執者失之。故物或行或隨．或歔或吹．或强或羸．或挫或隳．是以聖人去甚．去奢．去泰．

三十章

以道佐人主者．不以兵强天下．其事好還．師之所處．荆棘生焉．大軍之後．必有凶年．善有果而已．不敢以取强．果而勿矜．果而勿伐．果而勿驕．果而不得已．果而勿强．物壯則老．是謂不道．不道早已．

三十一章

夫唯兵者不祥之器。物或惡之。故有道者不處。君子居則貴左。用兵則貴右。兵者不祥之器。非君子之器。不得已而用之。恬淡爲上。勝而不美。而美之者。是樂殺人。夫樂殺人者。則不可以得志於天下矣。吉事尚左。凶事尚右。偏將軍居左。上將軍居右。言以喪禮處之。殺人之衆。以哀悲泣之。戰勝以喪禮處之。

三十二章

道常無名．樸雖小．天下莫能臣也．侯王若能守之．萬物將自賓．天地相合以降甘露．民莫之令而自均．始制有名．名亦既有．夫亦將知止．知止可以不殆．譬道之在天下．猶川谷之於江海．

三十三章

知人者智．自知者明．勝人者有力．自勝者強．知足者富．強行者有志．不失其所者久．死而不亡者壽．

三十四章

大道氾兮，其可左右。萬物恃之而生而不辭，功成不名有，衣養萬物而不爲主。常無欲，可名於小；萬物歸焉而不爲主，可名爲大。以其終不自爲大，故能成其大。

三十五章

執大象，天下往。往而不害，安平泰。樂與餌，過客止。道之出口，淡乎其無味，視之不足見，聽之不足聞，用之不足既。

三十六章

將欲歙之，必固張之；將欲弱之，必固强之；將欲廢之，必固興之；將欲奪之，必固與之。是謂微明。柔弱勝剛强。魚不可脱於淵，國之利器不可以示人。

三十七章

道常無爲而無不爲。侯王若能守之，萬物將自化。化而欲作，吾將鎮之以無名之樸。無名之樸，夫亦將不欲。不欲以静，天下將自定。

三十八章

上德不德。是以有德。下德不失德。是以無德。上德無爲而無以爲。下德爲之而有以爲。上仁爲之而無以爲。上義爲之而有以爲。上禮爲之而莫之應。則攘臂而扔之。故失道而後德。失德而後仁。失仁而後義。失義而後禮。夫禮者。忠信之薄而亂之首。前識者。道之華而愚之始。是以大丈夫處其厚。不居其薄。處其實。不居其華。故去彼取此。

三十九章

昔之得一者。天得一以清。地得一以寧。神得一以靈。谷得一以盈。萬物得一以生。侯王得一以爲天下貞。其致之。天無以清。將恐裂。地無以寧。將恐發。神無以靈。將恐歇。谷無以盈。將恐竭。萬物無以生。將恐滅。侯王無以貴高。將恐蹶。故貴以賤爲本。高以下爲基。是以侯王自謂孤。寡。不穀。此非以賤爲本耶。非乎。故致數輿無輿。不欲琭琭如玉。珞珞如石。

四十章

反者道之動。弱者道之用。天下萬物生於有。有生於無。

四十一章

上士聞道。勤而行之。中士聞道。若存若亡。下士聞道。大笑之。不笑不足以爲道。故建言有之。明道若昧。進道若退。夷道若纇。上德若谷。大白若辱。廣德若不足。建德若偷。質真若渝。大方無隅。大器晚成。大音希聲。大象無形。

道隱無名。夫唯道。善貸且成。

四十二章

道生一。一生二。二生三。三生萬物。萬物負陰而抱陽。沖氣以爲和。人之所惡。唯孤寡不穀。而王公以爲稱。故物或損之而益。或益之而損。人之所教。我亦教之。强梁者不得其死。吾將以爲教父。

四十三章

天下之至柔。馳騁天下之至堅。無有入無

間。吾是以知無爲之有益。不言之教。無爲之益。天下希及之。

四十四章

名與身孰親。身與貨孰多。得與亡孰病。是故甚愛必大費。多藏必厚亡。知足不辱。知止不殆。可以長久。

四十五章

大成若缺。其用不弊。大盈若沖。其用不窮。大直若屈。大巧若拙。大辯若訥。躁勝寒。靜勝熱。

清靜爲天下正。

四十六章

天下有道，却走馬以糞。天下無道，戎馬生於郊。禍莫大於不知足，咎莫大於欲得。故知足之足，常足矣。

四十七章

不出户，知天下；不闚牖，見天道。其出彌遠，其知彌少。是以聖人不行而知，不見而名，不爲而成。

四十八章

爲學日益。爲道日損。損之又損。以至於無爲。無爲而無不爲。取天下常以無事。及其有事。不足以取天下。

四十九章

聖人無常心。以百姓心爲心。善者吾善之。不善者吾亦善之。德善。信者吾信之。不信者吾亦信之。德信。聖人在天下。歙歙爲天下渾其心。百姓皆注其耳目。聖人皆孩之。

五十章

出生入死．生之徒十有三．死之徒十有三．人之生．動之死地亦十有三．夫何故．以其生生之厚．蓋聞善攝生者．陸行不遇兕虎．入軍不被甲兵．兕無所投其角．虎無所措其爪．兵無所容其刃．夫何故．以其無死地．

五十一章

道生之．德畜之．物形之．勢成之．是以萬物莫不尊道而貴德．道之尊．德之貴．夫莫之命而常自然。故道生之。德畜之。長之育之。亭之毒之。養之覆之。生而不有。爲而不恃。長而不宰。是謂玄德。

五十二章

天下有始。以爲天下母。既得其母。以知其子。既知其子。復守其母。沒身不殆。塞其兑。閉其門。終身不勤。開其兑。濟其事。終身不救。見小曰明。守柔曰强。用其光。復歸其明。無遺身殃。是爲習常。

五十三章

使我介然有知。行於大道。唯施是畏。大道甚夷。而民好徑。朝甚除。田甚蕪。倉甚虛。服文彩。帶利劍。厭飲食。財貨有餘。是謂盜竽。非道也哉。

五十四章

善建者不拔。善抱者不脫。子孫以祭祀不輟。修之於身。其德乃真。修之於家。其德乃餘。修之於鄉。其德乃長。修之於國。其德乃豐。修之於天下。其德乃普。故以身觀身。以家觀家。
以鄉觀鄉。以國觀國。以天下觀天下。吾何以
知天下然哉。以此。

五十五章

含德之厚。比於赤子。毒蟲不螫。猛獸不
據。攫鳥不搏。骨弱筋柔而握固。未知牝牡之
合而峻作。精之至也。終日號而不嗄。和之至也。
知和曰常。知常曰明。益生曰祥。心使氣曰强。物
壯則老。謂之不道。不道早已。

五十六章

知者不言。言者不知。塞其兌。閉其門。挫其銳。解其紛。和其光。同其塵。是謂玄同。故不可得而親。不可得而疏。不可得而利。不可得而害。不可得而貴。不可得而賤。故爲天下貴。

五十七章

以正治國。以奇用兵。以無事取天下。吾何以知其然哉。以此。天下多忌諱。而民彌貧。民多利器。國家滋昏。人多伎巧。奇物滋起。法令

滋彰。盗賊多有。故聖人云。我無爲而民自化。我好静而民自正。我無事而民自富。我無欲而民自樸。

五十八章

其政悶悶。其民淳淳。其政察察。其民缺缺。禍兮福之所倚。福兮禍之所伏。孰知其極。其無正。正復爲奇。善復爲妖。人之迷。其日固久。是以聖人方而不割。廉而不劌。直而不肆。光而不燿。

五十九章

治人．事天莫若嗇．夫唯嗇．是謂早服．早服謂之重積德．重積德則無不克．無不克則莫知其極．莫知其極．可以有國．有國之母．可以長久．是謂深根．固柢．長生．久視之道．

六十章

治大國若烹小鮮．以道莅天下．其鬼不神．非其鬼不神．其神不傷人．非其神不傷人．聖人亦不傷人．夫兩不相傷．故德交歸焉．

六十一章

大國者下流。天下之交。天下之牝。牝常以靜勝牡。以靜爲下。故大國以下小國。則取小國。小國以下大國。則取大國。故或下以取。或下而取。大國不過欲兼畜人。小國不過欲入事人。夫兩者各得其所欲。大者宜爲下。

六十二章

道者萬物之奥。善人之寶。不善人之所保。美言可以市尊。美行可以加人。人之不善。何棄之有。故立天子。置三公。雖有拱璧以先駟馬。不如坐進此道。古之所以貴此道者何。不曰以求得。有罪以免邪。故爲天下貴。

六十三章

爲無爲。事無事。味無味。大小多少。報怨以德。圖難於其易。爲大於其細。天下難事。必作於易。天下大事。必作於細。是以聖人終不爲大。故能成其大。夫輕諾必寡信。多易必多難。是以聖人猶難之。故終無難矣。

六十四章

其安易持。其未兆易謀。其脆易泮。其微易散。爲之於未有。治之於未亂。合抱之木。生於毫末。九層之台。起於累土。千里之行。始於足下。爲者敗之。執者失之。是以聖人無爲。故無敗。無執。故無失。民之從事。常於幾成而敗之。慎終如始。則無敗事。是以聖人欲不欲。不貴難得之貨。學不學。復衆人之所過。以輔萬物之自然。而不敢爲。

六十五章

古之善爲道者．非以明民．將以愚之．民之難治．以其智多．故以智治國．國之賊．不以智治國．國之福．知此兩者亦稽式．常知稽式．是謂玄德．玄德深矣．遠矣．與物反矣．然後乃至大順．

六十六章

江海所以能爲百谷王者．以其善下之．故能爲百谷王．是以欲上民．必以言下之．欲先民．必以身後之．是以聖人處上而民不重．處前而民不害。是以天下樂推而不厭。以其不爭。故天下莫能與之爭。

六十七章

天下皆謂我道大。似不肖。夫唯大。故似不肖。若肖久矣其細也夫。我有三寶持而保之。一曰慈。二曰儉。三曰不敢爲天下先。慈。故能勇。儉故能廣。不敢爲天下先。故能成器長。今舍慈且勇。舍儉且廣。舍後且先。死矣。夫慈。以戰則勝。以守則固。天將救之。以慈衛之。

六十八章

善爲士者不武。善戰者不怒。善勝敵者不與。善用人者爲之下。是謂不爭之德。是謂用人之力。是謂配天。古之極。

六十九章

用兵有言。吾不敢爲主而爲客。不敢進寸而退尺。是謂行無行。攘無臂。扔無敵。執無兵。禍莫大於輕敵。輕敵幾喪吾寶。故抗兵相加。哀者勝矣。

七十章

吾言甚易知，甚易行。天下莫能知，莫能行。言有宗，事有君。夫惟無知，是以不我知。知我者希，則我者貴。是以聖人被褐懷玉。

七十一章

知上，不知知病。夫惟病病，是以不病。聖人不病，以其病病，是以不病。

七十二章

民不畏威，則大威至。無狎其所居，無厭

其所生。夫唯不厭。是以不厭。是以聖人自知不自見。自愛不自貴。故去彼取此。

七十三章

勇於敢則殺。勇於不敢則活。此兩者或利或害。天之所惡。孰知其故。是以聖人猶難之。天之道。不爭而善勝。不言而善應。不召而自來。繟然而善謀。天網恢恢。疏而不失。

七十四章

民不畏死。奈何以死懼之。若使民常畏

死。而爲奇者。吾得執而殺之。孰敢。常有司殺者殺。夫代司殺者殺。是代大匠斲。夫代大匠斲。希有不傷其手者矣。

七十五章

民之饑。以其上食稅之多。是以饑。民之難治。以其上之有爲。是以難治。民之輕死。以其上求生之厚。是以輕死。夫唯無以生爲者。是賢於貴生。

七十六章

人之生也柔弱。其死也堅強。萬物草木之生也柔脆。其死也枯槁。故堅強者死之徒。柔弱者生之徒。是以兵強則滅。木強則折。堅強處下。柔弱處上。

七十七章

天之道。其猶張弓歟。高者抑之。下者舉之。有餘者損之。不足者補之。天之道。損有餘而補不足。人之道則不然。損不足以奉有餘。孰能有餘以奉天下。唯有道者。是以聖人爲而不恃。功成而不處。其不欲見賢。

七十八章

天下莫柔弱於水。而攻堅强者莫之能勝。其無以易之。弱之勝强。柔之勝剛。天下莫不知。莫能行。是以聖人云。受國之垢。是謂社稷主。受國不祥。是爲天下王。正言若反。

七十九章

和大怨。必有餘怨。安可以爲善。是以聖

人執左契，而不責於人。有德司契，無德司徹。天道無親，常與善人。

八十章

小國寡民，使有什伯之器而不用，使民重死而不遠徙。雖有舟輿，無所乘之；雖有甲兵，無所陳之。使人復結繩而用之。甘其食，美其服，安其居，樂其俗。鄰國相望，鷄犬之聲相聞，民至老死不相往來。

八十一章

信言不美。美言不信。善者不辯。辯者不善。知者不博。博者不知。聖人不積。既以爲人己愈有。既以與人己愈多。天之道。利而不害。聖人之道。爲而不爭。

道德經

音頻二維碼

一章

道可道非常道名可名非常名無名天地之始有名萬物之母故常無欲以觀其妙常有欲以觀其徼此兩者同出而異名同謂之玄玄之又玄衆妙之門

二章

天下皆知美之爲美斯惡矣皆知善之爲善斯不善矣故有無相生難易相成長短

相形。高下相傾。音聲相和。前後相隨。是以。聖人處無爲之事。行不言之教。萬物作焉而不爲始。生而不有。爲而不恃。功成而弗居。夫唯弗居。是以不去。

三章

不尚賢。使民不爭。不貴難得之貨。使民不爲盜。不見可欲。使民心不亂。是以聖人之治。虛其心。實其腹。弱其志。强其骨。常使民無知無欲。使夫智者不敢爲也。爲無爲。則無不治。

四章

道沖而用之或不盈。淵兮似萬物之宗。挫其銳。解其紛。和其光。同其塵。湛兮似或存。吾不知誰之子。象帝之先。

五章

天地不仁。以萬物爲芻狗。聖人不仁。以百姓爲芻狗。天地之間。其猶橐籥乎。虛而不屈。動而愈出。多言數窮。不如守中。

六章

谷神不死，是謂玄牝。玄牝之門，是謂天地根。綿綿若存，用之不勤。

七章

天長地久。天地所以能長且久者，以其不自生，故能長生。是以聖人後其身而身先，外其身而身存。非以其無私邪（邪同耶）？故能成其私。

八章

上善若水。水善利萬物而不爭，處衆人之

所惡。故幾于道。居善地。心善淵。與善仁。言善信。正善治。事善能。動善時。夫唯不爭。故無尤。

九章

持而盈之。不如其已。揣而鋭之。不可常保。金玉滿堂。莫之能守。富貴而驕。自遺其咎。功成身退。天之道。

十章

載營魄抱一。能無離乎。專氣致柔。能嬰兒乎。滌除玄覽。能無疵乎。愛民治國。能無知乎。天門開闔，能無雌乎？明白四達，能無爲乎？生之、畜之，生而不有，爲而不恃，長而不宰，是謂玄德。

十一章

三十輻共一轂，當其無，有車之用。埏埴以爲器，當其無，有器之用。鑿户牖以爲室，當其無，有室之用。故有之以爲利，無之以爲用。

十二章

五色令人目盲，五音令人耳聾，五味令人口爽，馳騁畋獵令人心發狂，難得之貨令人行妨。是以聖人爲腹不爲目。故去彼取此。

十三章

寵辱若驚。貴大患若身。何謂寵辱若驚。寵爲下。得之若驚。失之若驚。是謂寵辱若驚。何謂貴大患若身。吾所以有大患者。爲吾有身。及吾無身。吾有何患。故貴以身爲天下。若可寄天下。愛以身爲天下。若可託天下。

十四章

視之不見名曰夷。聽之不聞。名曰希。搏

之不得名曰微。此三者不可致詰。故混而爲一。
其上不皦。其下不昧。繩繩不可名。復歸于無物。
是謂無狀之狀。無物之象。是謂惚恍。迎之不
見其首。隨之不見其後。執古之道。以御今之
有。能知古始。是謂道紀。

十五章

古之善爲士者。微妙玄通。深不可識。夫
唯不可識。故强爲之容。豫焉若冬涉川。猶兮若
畏四鄰。儼兮其若客。渙兮若冰之將釋。敦兮其

若樸。曠兮其若谷。混兮其若濁。孰能濁以止靜之徐清。孰能安以久。動之徐生。保此道者不欲盈。夫唯不盈。故能蔽而新成。

十六章

致虛極。守靜篤。萬物并作。吾以觀復。夫物芸芸。各復歸其根。歸根曰靜。是曰復命。復命曰常。知常曰明。不知常妄作凶。知常容。容乃公。公乃王。王乃天。天乃道。道乃久。殁身不殆。

十七章

太上。下知有之。其次親而譽之。其次畏之。其次侮之。信不足焉。有不信焉。悠兮。其貴言。功成事遂。百姓皆謂我自然。

十八章

大道廢。有仁義。慧智出。有大僞。六親不和。有孝慈。國家昏亂。有忠臣。

十九章

絶聖棄智。民利百倍。絶仁棄義。民復孝

慈。絶巧棄利。盜賊無有。此三者以爲文不足。故令有所屬。見素抱樸。少私寡欲。

二十章

絶學無憂。唯之與阿。相去幾何。善之與惡。相去若何。人之所畏。不可不畏。荒兮。其未央哉。衆人熙熙。如享太牢。如春登合。我獨泊兮。其未兆。如嬰兒之未孩。儽儽兮。若無所歸。衆人皆有餘。而我獨若遺。我愚人之心也哉。沌沌兮。俗人昭昭。我獨昏昏。俗人察察。我獨悶

悶。澹兮其若海。飂兮若無止。衆人皆有以。而
我獨頑似鄙。我獨異于人。而貴食母。

二十一章

孔德之容。惟道是從。道之爲物。惟恍惟惚。
惚兮恍兮。其中有象。恍兮惚兮。其中有物。窈
兮冥兮。其中有精。其精甚真。其中有信。自古
及今。其名不去。以閱衆甫。吾何以知衆甫之狀
哉。以此。

二十二章

曲則全。枉則直。洼則盈。敝則新。少則得。多則惑。是以聖人抱一爲天下式。不自見。故明。不自是。故彰。不自伐。故有功。不自矜。故長。夫唯不爭。故天下莫能與之爭。古之所謂曲則全者。豈虛言哉。誠全而歸之。

二十三章

希言自然。故飄風不終朝。驟雨不終日。孰爲此者。天地。天地尚不能久。而況于人乎。故從事于道者，道者同于道；德者同于德；失者同于失。同于道者，道亦樂得之；同于德者，德亦樂得之；同于失者，失亦樂得之。信不足焉，有不信焉。

二十四章

企者不立，跨者不行，自見者不明，自是者不彰，自伐者無功，自矜者不長。其在道也，曰餘食贅行，物或惡之。故有道者不處。

二十五章

有物混成，先天地生，寂兮寥兮，獨立不改，周行而不殆，可以爲天下母。吾不知其名，字之曰道，强爲之名曰大。大曰逝，逝曰遠，遠曰反。故道大，天大，地大，人亦大。域中有四大，而人居其一焉。人法地，地法天，天法道，道法自然。

二十六章

重爲輕根，静爲躁君。是以聖人終日行不離輜重，雖有榮觀，燕處超然。奈何萬乘之主，而以身輕天下。輕則失根。躁則失君。

二十七章

善行。無轍迹。善言。無瑕讁。善數。不用籌策。善閉。無關楗而不可開。善結。無繩約而不可解。是以聖人常善救人。故無棄人。常善救物。故無棄物。是謂襲明。故善人者不善人之師。不善人者善人之資。不貴其師。不愛惜其資。雖智大迷。是謂要妙。

二十八章

知其雄。守其雌。爲天下谿。爲天下谿。常德不離。復歸于嬰兒。知其白。守其黑。爲天下式。爲天下式。常德不忒。復歸于無極。知其榮。守其辱。爲天下谷。爲天下谷。常德乃足。復歸于樸。樸散則爲器。聖人用之則爲官長。故大制不割。

二十九章

將欲取天下而爲之。吾見其不得已。天下神器。不可爲也。爲者敗之。執者失之。故。物或行或隨。或歔或吹。或强或羸。或挫或隳。是以聖人去甚。去奢。去泰。

三十章

以道佐人主者。不以兵强天下。其事好還。師之所處。荆棘生焉。大軍之後。必有凶年。善有果而已。不敢以取强。果而勿矜。果而勿伐。果而勿驕。果而不得已。果而勿强。物壯則老。是謂不道。不道早已。

三十一章

夫唯兵者不祥之器。物或惡之。故有道者不處。君子居則貴左。用兵則貴右。兵者不祥之器。非君子之器。不得已而用之。恬淡爲上。勝而不美。而美之者。是樂殺人。夫樂殺人者。則不可以得志於天下矣。吉事尚左。凶事尚右。偏將軍居左。上將軍居右。言以喪禮處之。殺人之衆。以哀悲泣之。戰勝以喪禮處之。

三十二章

道常無名。樸雖小。天下莫能臣也。侯王若能守之。萬物將自賓。天地相合以降甘露。民莫之令而自均。始制有名。名亦既有。夫亦將知止。知止可以不殆。譬道之在天下。猶川谷之於江海。

三十三章

知人者智。自知者明。勝人者有力。自勝者强。知足者富。强行者有志。不失其所者久。死而不亡者壽。

三十四章

大道氾兮。其可左右。萬物恃之而生而不辭。功成不名有。衣養萬物而不爲主。常無欲。可名於小。萬物歸焉而不爲主。可名爲大。以其終不自爲大。故能成其大。

三十五章

執大象。天下往。往而不害。安平泰。樂與餌。過客止。道之出口。淡乎其無味。視之不足見。聽之不足聞。用之不足既。

三十六章

將欲歙之，必固張之。將欲弱之，必固强之。將欲廢之，必固興之。將欲奪之，必固與之。是謂微明。柔弱勝剛强。魚不可脱於淵，國之利器不可以示人。

三十七章

道常無爲而無不爲。侯王若能守之，萬物將自化。化而欲作，吾將鎮之以無名之樸。無名之樸，夫亦將不欲。不欲以静，天下將自定。

三十八章

上德不德。是以有德。下德不失德。是以無德。上德無爲而無以爲。下德爲之而有以爲。上仁爲之而無以爲。上義爲之而有以爲。上禮爲之而莫之應。則攘臂而扔之。故失道而後德。失德而後仁。失仁而後義。失義而後禮。夫禮者。忠信之薄而亂之首。前識者。道之華而愚之始。是以大丈夫處其厚。不居其薄。處其實。不居其華。故去彼取此。

三十九章

昔之得一者。天得一以清。地得一以寧。神得一以靈。谷得一以盈。萬物得一以生。侯王得一以爲天下貞。其致之。天無以清將恐裂。地無以寧將恐發。神無以靈將恐歇。谷無以盈將恐竭。萬物無以生將恐滅。侯王無以貴高將恐蹶。故貴以賤爲本。高以下爲基。是以侯王自謂孤寡不穀。此非以賤爲本耶。非乎。故致數輿無輿。不欲琭琭如玉。珞珞如石。

四十章

反者道之動。弱者道之用。天下萬物生於有。有生於無。

四十一章

上士聞道。勤而行之。中士聞道。若存若亡。下士聞道。大笑之。不笑不足以爲道。故建言有之。明道若昧。進道若退。夷道若纇。上德若谷。大白若辱。廣德若不足。建德若偷。質真若渝。大方無隅。大器晚成。大音希聲。大象無形。

道隱無名。夫唯道，善貸且成。

四十二章

道生一，一生二，二生三，三生萬物。萬物負陰而抱陽，沖氣以爲和。人之所惡，唯孤、寡、不穀，而王公以爲稱。故物或損之而益，或益之而損。人之所教，我亦教之。强梁者不得其死，吾將以爲教父。

四十三章

天下之至柔，馳騁天下之至堅。無有入無

閒。吾是以知無爲之有益。不言之教，無爲之益，天下希及之。

四十四章

名與身孰親。身與貨孰多。得與亡孰病。是故甚愛必大費，多藏必厚亡。知足不辱，知止不殆，可以長久。

四十五章

大成若缺，其用不弊。大盈若沖，其用不窮。大直若屈，大巧若拙，大辯若訥。躁勝寒，靜勝熱清靜爲天下正。

四十六章

天下有道，却走馬以糞。天下無道，戎馬生於郊。禍莫大於不知足，咎莫大於欲得。故知足之足，常足矣。

四十七章

不出户，知天下；不闚牖，見天道。其出彌遠，其知彌少。是以聖人不行而知，不見而名，不爲而成。

四十八章

爲學日益．爲道日損．損之又損．以至於無爲．無爲而無不爲．取天下常以無事．及其有事．不足以取天下．

四十九章

聖人無常心．以百姓心爲心．善者吾善之．不善者吾亦善之．德善．信者吾信之．不信者吾亦信之．德信．聖人在天下．歙歙爲天下渾其心．百姓皆注其耳目．聖人皆孩之．

五十章

出生入死。生之徒十有三。死之徒十有三。人之生。動之死地亦十有三。夫何故。以其生生之厚。蓋聞善攝生者。陸行不遇兕虎。入軍不被甲兵。兕無所投其角。虎無所措其爪。兵無所容其刃。夫何故。以其無死地。

五十一章

道生之。德畜之。物形之。勢成之。是以萬物莫不尊道而貴德。道之尊。德之貴。夫莫之命而常自然。故道生之。德畜之。長之育之。亭之毒之。養之覆之。生而不有。爲而不恃。長而不宰。是謂玄德。

五十二章

天下有始。以爲天下母。既得其母。以知其子。既知其子。復守其母。没身不殆。塞其兑。閉其門。終身不勤。開其兑。濟其事。終身不救。見小曰明。守柔曰强。用其光。復歸其明。無遺身殃。是爲習常。

五十三章

使我介然有知。行於大道。唯施是畏。大道甚夷。而民好徑。朝甚除。田甚蕪。倉甚虛。服文彩。帶利劍。厭飲食。財貨有餘。是謂盜竽。非道也哉。

五十四章

善建者不拔。善抱者不脫。子孫以祭祀不輟。修之於身。其德乃真。修之於家。其德乃餘。修之於鄉。其德乃長。修之於國。其德乃豐。修之於天下，其德乃普。故以身觀身，以家觀家，以鄉觀鄉，以國觀國，以天下觀天下。吾何以知天下然哉？以此。

五十五章

含德之厚，比於赤子。毒蟲不螫，猛獸不據，攫鳥不搏。骨弱筋柔而握固，未知牝牡之合而峻作，精之至也。終日號而不嗄，和之至也。知和曰常，知常曰明。益生曰祥，心使氣曰强。物壯則老，謂之不道，不道早已。

五十六章

知者不言。言者不知。塞其兑。閉其門。挫其銳。解其紛。和其光。同其塵。是謂玄同。故不可得而親。不可得而疏。不可得而利。不可得而害。不可得而貴。不可得而賤。故爲天下貴。

五十七章

以正治國。以奇用兵。以無事取天下。吾何以知其然哉。以此。天下多忌諱。而民彌貧。民多利器。國家滋昏。人多伎巧。奇物滋起。法令

滋彰，盜賊多有。故聖人云：我無爲而民自化，我好静而民自正，我無事而民自富，我無欲而民自樸。

五十八章

其政悶悶，其民淳淳；其政察察，其民缺缺。禍兮福之所倚，福兮禍之所伏。孰知其極？其無正。正復爲奇，善復爲妖。人之迷，其日固久。是以聖人方而不割，廉而不劌，直而不肆，光而不燿。

五十九章

治人事天莫若嗇。夫唯嗇。是謂早服。早服謂之重積德。重積德則無不克。無不克則莫知其極。莫知其極。可以有國。有國之母。可以長久。是謂深根。固柢。長生。久視之道。

六十章

治大國若烹小鮮。以道莅天下。其鬼不神。非其鬼不神。其神不傷人。非其神不傷人。聖人亦不傷人。夫兩不相傷。故德交歸焉。

六十一章

大國者下流，天下之交，天下之牝。牝常以靜勝牡，以靜爲下。故大國以下小國，則取小國；小國以下大國，則取大國。故或下以取，或下而取。大國不過欲兼畜人，小國不過欲入事人，夫兩者各得其所欲，大者宜爲下。

六十二章

道者萬物之奧，善人之寶，不善人之所保。美言可以市尊，美行可以加人。人之不善，何

棄之有故立天子置三公雖有拱璧以先駟馬不如坐進此道古之所以貴此道者何不曰以求得有罪以免邪故爲天下貴

六十三章

爲無爲事無事味無味大小多少報怨以德圖難於其易爲大於其細天下難事必作於易天下大事必作於細是以聖人終不爲大故能成其大夫輕諾必寡信多易必多難是以聖人猶難之故終無難矣

六十四章

其安易持。其未兆易謀。其脆易泮。其微易散。爲之於未有。治之於未亂。合抱之木。生於毫末。九層之台。起於累土。千里之行。始於足下。爲者敗之。執者失之。是以聖人無爲。故無敗。無執。故無失。民之從事。常於幾成而敗之。愼終如始。則無敗事。是以聖人欲不欲。不貴難得之貨。學不學。復衆人之所過。以輔萬物之自然。而不敢爲。

六十五章

古之善爲道者，非以明民，將以愚之。民之難治，以其智多。故以智治國，國之賊；不以智治國，國之福。知此兩者，亦稽式。常知稽式，是謂玄德。玄德深矣，遠矣，與物反矣，然後乃至大順。

六十六章

江海所以能爲百谷王者，以其善下之，故能爲百谷王。是以欲上民，必以言下之；欲先民，必以身後之。是以聖人處上而民不重，處前而民不害。是以天下樂推而不厭。以其不爭。故天下莫能與之爭。

六十七章

天下皆謂我道大。似不肖。夫唯大。故似不肖。若肖久矣其細也夫。我有三寶。持而保之。一曰慈。二曰儉。三曰不敢爲天下先。慈。故能勇。儉。故能廣。不敢爲天下先。故能成器長。今舍慈且勇。舍儉且廣。舍後且先。死矣。夫慈。以戰則勝。以守則固。天將救之。以慈衛之。

六十八章

善爲士者不武。善戰者不怒。善勝敵者不與。善用人者爲之下。是謂不爭之德。是謂用人之力。是謂配天。古之極。

六十九章

用兵有言。吾不敢爲主而爲客。不敢進寸而退尺。是謂行無行。攘無臂。扔無敵。執無兵。禍莫大於輕敵。輕敵幾喪吾寶。故抗兵相加。哀者勝矣。

七十章

吾言甚易知。甚易行。天下莫能知。莫能行。言有宗。事有君。夫惟無知。是以不我知。知我者希。則我者貴。是以聖人被褐懷玉。

七十一章

知上不知。知不知病。夫惟病病。是以不病。聖人不病。以其病病。是以不病。

七十二章

民不畏威。則大威至。無狎其所居。無厭

其所生。夫唯不厭。是以不厭。是以聖人自知

不自見。自愛不自貴。故去彼取此。

七十三章

勇於敢則殺。勇於不敢則活。此兩者或

利或害。天之所惡。孰知其故。是以聖人猶難之。

天之道。不爭而善勝。不言而善應。不召而自

來。繟然而善謀。天網恢恢。疏而不失。

七十四章

民不畏死。奈何以死懼之。若使民常畏

死。而爲奇者。吾得執而殺之。孰敢。常有司殺者殺。夫代司殺者殺。是代大匠斲。夫代大匠斲。希有不傷其手者矣。

七十五章

民之饑。以其上食税之多。是以饑。民之難治。以其上之有爲。是以難治。民之輕死。以其上求生之厚。是以輕死。夫唯無以生爲者。是賢於貴生。

七十六章

人之生也柔弱，其死也堅强。萬物草木之生也柔脆，其死也枯槁。故堅强者死之徒，柔弱者生之徒。是以兵强則滅，木强則折。堅强處下，柔弱處上。

七十七章

天之道，其猶張弓歟。高者抑之，下者舉之，有餘者損之，不足者補之。天之道，損有餘而補不足。人之道則不然，損不足以奉有餘。孰能有餘以奉天下。唯有道者。是以聖人爲而不恃。功成而不處。其不欲見賢。

七十八章

天下莫柔弱於水。而攻堅强者莫之能勝。其無以易之。弱之勝强。柔之勝剛。天下莫不知。莫能行。是以聖人云。受國之垢。是謂社稷主。受國不祥。是爲天下王。正言若反。

七十九章

和大怨。必有餘怨。安可以爲善。是以聖

人執左契。而不責於人。有德司契。無德司徹。天道無親。常與善人。

八十章

小國寡民。使有什伯之器而不用。使民重死而不遠徙。雖有舟輿。無所乘之。雖有甲兵。無所陳之。使人復結繩而用之。甘其食。美其服。安其居。樂其俗。鄰國相望。鷄犬之聲相聞。民至老死不相往來。

八十一章

信言不美，美言不信。善者不辯，辯者不善。知者不博，博者不知。聖人不積，既以爲人己愈有，既以與人己愈多。天之道，利而不害；聖人之道，爲而不爭。

音頻二維碼

道德經

一章

道可道，非常道。名可名，非常名。無名，天地之始；有名，萬物之母。故常無欲以觀其妙；常有欲以觀其徼。此兩者同出而異名，同謂之玄。玄之又玄，衆妙之門。

二章

天下皆知美之爲美，斯惡矣；皆知善之爲善，斯不善矣。故有無相生，難易相成，長短相形。高下相傾。音聲相和。前後相隨。是以聖人處無爲之事。行不言之教。萬物作焉而不爲始。生而不有。爲而不恃。功成而弗居。夫唯弗居。是以不去。

三章

不尚賢。使民不爭。不貴難得之貨。使民不爲盜。不見可欲。使民心不亂。是以聖人之治。虚其心。實其腹。弱其志。强其骨。常使民無知無欲。使夫智者不敢爲也。爲無爲。則無不治。

四章

道沖，而用之或不盈。淵兮，似萬物之宗。挫其鋭，解其紛，和其光，同其塵。湛兮，似或存。吾不知誰之子，象帝之先。

五章

天地不仁，以萬物爲芻狗；聖人不仁，以百姓爲芻狗。天地之間，其猶橐籥乎？虚而不屈，動而愈出。多言數窮，不如守中。

六章

谷神不死．是謂玄牝．玄牝之門．是謂天地根．綿綿若存．用之不勤．

七章

天長地久．天地所以能長且久者．以其不自生．故能長生．是以聖人後其身而身先．外其身而身存．非以其無私邪（邪同耶）．故能成其私．

八章

上善若水．水善利萬物而不爭．處衆人之

所惡。故幾于道。居善地。心善淵。與善仁。言善

信。正善治。事善能。動善時。夫唯不爭。故無尤。

九章

持而盈之。不如其已。揣而銳之。不可常

保。金玉滿堂。莫之能守。富貴而驕。自遺其咎。功

成身退。天之道。

十章

載營魄抱一。能無離乎。專氣致柔。能嬰兒

乎。滌除玄覽。能無疵乎。愛民治國。能無知乎。天

門開闔，能無雌乎，明白四達，能無爲乎，生之畜之，生而不有，爲而不恃，長而不宰，是謂玄德。

十一章

三十輻共一轂，當其無，有車之用。埏埴以爲器，當其無，有器之用。鑿户牖以爲室，當其無，有室之用。故有之以爲利，無之以爲用。

十二章

五色令人目盲，五音令人耳聾，五味令人口爽，馳騁畋獵令人心發狂，難得之貨令人行妨。是以聖人爲腹不爲目。故去彼取此。

十三章

寵辱若驚。貴大患若身。何謂寵辱若驚。寵爲下。得之若驚。失之若驚。是謂寵辱若驚。何謂貴大患若身。吾所以有大患者。爲吾有身。及吾無身。吾有何患。故貴以身爲天下。若可寄天下。愛以身爲天下。若可託天下。

十四章

視之不見名曰夷。聽之不聞名曰希。搏

之不得名曰微此三者不可致詰故混而爲一其上不皦其下不昧繩繩不可名復歸于無物是謂無狀之狀無物之象是謂惚恍迎之不見其首隨之不見其後執古之道以御今之有能知古始是謂道紀

十五章

古之善爲士者微妙玄通深不可識夫唯不可識故强爲之容豫焉若冬涉川猶兮若畏四鄰儼兮其若客渙兮若冰之將釋敦兮其

若樸。曠兮其若谷。混兮其若濁。孰能濁以止。靜之徐清。孰能安以久。動之徐生。保此道者不欲盈。夫唯不盈。故能蔽而新成。

十六章

致虛極。守靜篤。萬物并作。吾以觀復。夫物芸芸。各復歸其根。歸根曰靜。是曰復命。復命曰常。知常曰明。不知常妄作凶。知常容。容乃公。公乃王。王乃天。天乃道。道乃久。殁身不殆。

十七章

太上，下知有之，其次，親而譽之，其次，畏之，其次，侮之，信不足焉，有不信焉，悠兮其貴言，功成事遂，百姓皆謂我自然。

十八章

大道廢，有仁義，慧智出，有大僞，六親不和，有孝慈，國家昏亂，有忠臣。

十九章

絶聖棄智，民利百倍，絶仁棄義，民復孝

慈。絕巧棄利。盜賊無有。此三者以爲文不足。故令有所屬。見素抱樸。少私寡欲。

二十章

絕學無憂。唯之與阿。相去幾何。善之與惡。相去若何。人之所畏。不可不畏。荒兮其未央哉。衆人熙熙。如享太牢。如春登台。我獨泊兮其未兆。如嬰兒之未孩。儽儽兮若無所歸。衆人皆有餘。而我獨若遺。我愚人之心也哉。沌沌兮。俗人昭昭。我獨昏昏。俗人察察。我獨悶悶。澹兮。其若海。飂兮。若無止。衆人皆有以。而我獨頑似鄙。我獨異于人。而貴食母。

二十一章

孔德之容。惟道是從。道之爲物。惟恍惟惚。惚兮恍兮。其中有象。恍兮惚兮。其中有物。窈兮冥兮。其中有精。其精甚真。其中有信。自古及今。其名不去。以閱衆甫。吾何以知衆甫之狀哉。以此。

二十二章

曲則全。枉則直。洼則盈。敝則新。少則得。多則惑。是以聖人抱一爲天下式。不自見。故明。不自是。故彰。不自伐。故有功。不自矜。故長。夫唯不爭。故天下莫能與之爭。古之所謂曲則全者。豈虛言哉。誠全而歸之。

二十三章

希言自然。故飄風不終朝。驟雨不終日。孰爲此者。天地。天地尚不能久。而況于人乎。故從事于道者。道者同于道。德者同于德。失者同于失。同于道者。道亦樂得之。同于德者。德亦樂得之。同于失者。失亦樂得之。信不足焉。有不信焉。

二十四章

企者不立。跨者不行。自見者不明。自是者不彰。自伐者無功。自矜者不長。其在道也。曰餘食贅行。物或惡之。故有道者不處。

二十五章

有物混成。先天地生。寂兮寥兮。獨立不改。周行而不殆。可以爲天下母。吾不知其名。字之曰道。强爲之名曰大。大曰逝。逝曰遠。遠曰反。故道大。天大。地大。人亦大。域中有四大。而人居其一焉。人法地。地法天。天法道。道法自然。

二十六章

重爲輕根。静爲躁君。是以聖人終日行不離輜重。雖有榮觀。燕處超然。柰何萬乘之主。

而以身輕天下。輕則失根。躁則失君。

二十七章

善行。無轍迹。善言。無瑕謫。善數。不用籌策。善閉。無關楗而不可開。善結。無繩約而不可解。是以聖人常善救人。故無棄人。常善救物。故無棄物。是謂襲明。故善人者不善人之師。不善人者善人之資。不貴其師。不愛其資。雖智大迷。是謂要妙。

二十八章

知其雄．守其雌．爲天下谿．爲天下谿．常德不離．復歸于嬰兒．知其白．守其黑．爲天下式．爲天下式．常德不忒．復歸于無極．知其榮．守其辱．爲天下谷．爲天下谷．常德乃足．復歸于樸．樸散則爲器．聖人用之則爲官長．故大制不割．

二十九章

將欲取天下而爲之．吾見其不得已．天下神器．不可爲也．爲者敗之．執者失之．故物或行或隨。或歔或吹。或强或羸。或挫或隳。是以聖人去甚。去奢。去泰。

三十章

以道佐人主者。不以兵强天下。其事好還。師之所處。荆棘生焉。大軍之後。必有凶年。善有果而已。不敢以取强。果而勿矜。果而勿伐。果而勿驕。果而不得已。果而勿强。物壯則老。是謂不道。不道早已。

三十一章

夫唯兵者不祥之器。物或惡之。故有道者不處。君子居則貴左。用兵則貴右。兵者不祥之器。非君子之器。不得已而用之。恬淡爲上。勝而不美。而美之者。是樂殺人。夫樂殺人者則不可以得志於天下矣。吉事尚左。凶事尚右。偏將軍居左。上將軍居右。言以喪禮處之。殺人之衆。以哀悲泣之。戰勝以喪禮處之。

三十二章

道常無名．樸雖小．天下莫能臣也．侯王若能守之．萬物將自賓．天地相合以降甘露．民莫之令而自均．始制有名．名亦既有．夫亦將知止．知止可以不殆．譬道之在天下．猶川谷之於江海．

三十三章

知人者智．自知者明．勝人者有力．自勝者强．知足者富．强行者有志．不失其所者久．死而不亡者壽．

三十四章

大道氾兮，其可左右。萬物恃之而生而不辭，功成不名有，衣養萬物而不爲主。常無欲，可名於小；萬物歸焉而不爲主，可名爲大。以其終不自爲大，故能成其大。

三十五章

執大象，天下往。往而不害，安平泰。樂與餌，過客止。道之出口，淡乎其無味，視之不足見，聽之不足聞，用之不足既。

三十六章

將欲歙之。必固張之。將欲弱之。必固强之。將欲廢之。必固興之。將欲奪之。必固與之。是謂微明。柔弱勝剛强。魚不可脫於淵。國之利器不可以示人。

三十七章

道常無爲而無不爲。侯王若能守之。萬物將自化。化而欲作。吾將鎮之以無名之樸。無名之樸。夫亦將不欲。不欲以靜。天下將自定。

三十八章

上德不德。是以有德。下德不失德。是以無
德。上德無爲而無以爲。下德爲之而有以爲。上
仁爲之而無以爲。上義爲之而有以爲。上禮爲
之而莫之應。則攘臂而扔之。故失道而後德。失
德而後仁。失仁而後義。失義而後禮。夫禮者。忠
信之薄。而亂之首。前識者。道之華。而愚之始。是
以大丈夫處其厚。不居其薄。處其實。不居其
華。故去彼取此。

三十九章

昔之得一者。天得一以清。地得一以寧。神得一以靈。谷得一以盈。萬物得一以生。侯王得一以爲天下貞。其致之。天無以清。將恐裂。地無以寧。將恐發。神無以靈。將恐歇。谷無以盈。將恐竭。萬物無以生。將恐滅。侯王無以貴高。將恐蹶。故貴以賤爲本。高以下爲基。是以侯王自謂孤寡不穀。此非以賤爲本耶。非乎。故致數輿無輿。不欲琭琭如玉。珞珞如石。

四十章

反者道之動。弱者道之用。天下萬物生於有。有生於無。

四十一章

上士聞道。勤而行之。中士聞道。若存若亡。下士聞道。大笑之。不笑不足以爲道。故建言有之。明道若昧。進道若退。夷道若纇。上德若谷。大白若辱。廣德若不足。建德若偷。質真若渝。大方無隅。大器晚成。大音希聲。大象無形。

道隱無名。夫唯道，善貸且成。

四十二章

道生一，一生二，二生三，三生萬物。萬物負陰而抱陽，沖氣以爲和。人之所惡，唯孤寡不穀，而王公以爲稱。故物或損之而益，或益之而損。人之所教，我亦教之。强梁者不得其死，吾將以爲教父。

四十三章

天下之至柔，馳騁天下之至堅。無有入無

聞。吾是以知無爲之有益。不言之教，無爲之益，天下希及之。

四十四章

名與身孰親。身與貨孰多。得與亡孰病。是故甚愛必大費，多藏必厚亡。知足不辱，知止不殆，可以長久。

四十五章

大成若缺，其用不弊。大盈若沖，其用不窮。大直若屈。大巧若拙。大辯若訥。躁勝寒。靜勝熱。

清靜爲天下正。

四十六章

天下有道。却走馬以糞。天下無道。戎馬生於郊。禍莫大於不知足。咎莫大於欲得。故。知足之足常足矣。

四十七章

不出户。知天下。不闚牖。見天道。其出彌遠。其知彌少。是以聖人不行而知。不見而名。不爲而成。

四十八章

爲學日益。爲道日損。損之又損。以至於無爲。無爲而無不爲。取天下常以無事。及其有事。不足以取天下。

四十九章

聖人無常心。以百姓心爲心。善者吾善之。不善者吾亦善之。德善。信者吾信之。不信者吾亦信之。德信。聖人在天下。歙歙爲天下渾其心。百姓皆注其耳目。聖人皆孩之。

五十章

出生入死。生之徒十有三。死之徒十有三。人之生。動之死地亦十有三。夫何故。以其生生之厚。蓋聞善攝生者。陸行不遇兕虎。入軍不被甲兵。兕無所投其角。虎無所措其爪。兵無所容其刃。夫何故。以其無死地。

五十一章

道生之。德畜之。物形之。勢成之。是以萬物莫不尊道而貴德。道之尊。德之貴。夫莫之命而常自然。故道生之。德畜之。長之育之。亭之毒之。養之覆之。生而不有。爲而不恃。長而不宰。是謂玄德。

五十二章

天下有始。以爲天下母。既得其母。以知其子。既知其子。復守其母。没身不殆。塞其兑閉其門。終身不勤。開其兑。濟其事。終身不救。見小曰明。守柔曰强。用其光。復歸其明。無遺身殃。是爲習常。

五十三章

使我介然有知，行於大道，唯施是畏。大道甚夷，而民好徑。朝甚除，田甚蕪，倉甚虛，服文彩，帶利劍，厭飲食，財貨有餘，是謂盜竽。非道也哉。

五十四章

善建者不拔，善抱者不脱，子孫以祭祀不輟。修之於身，其德乃真；修之於家，其德乃餘；修之於鄉，其德乃長；修之於國，其德乃豐；修之於天下，其德乃普。故以身觀身，以家觀家，以鄉觀鄉，以國觀國，以天下觀天下。吾何以知天下然哉？以此。

五十五章

含德之厚，比於赤子。毒蟲不螫，猛獸不據，攫鳥不搏。骨弱筋柔而握固，未知牝牡之合而朘作，精之至也。終日號而不嗄，和之至也。知和曰常，知常曰明，益生曰祥，心使氣曰强。物壯則老，謂之不道，不道早已。

五十六章

知者不言。言者不知。塞其兌。閉其門。挫其銳。解其紛。和其光。同其塵。是謂玄同。故不可得而親。不可得而疏。不可得而利。不可得而害。不可得而貴。不可得而賤。故爲天下貴。

五十七章

以正治國。以奇用兵。以無事取天下。吾何以知其然哉。以此。天下多忌諱。而民彌貧。民多利器。國家滋昏。人多伎巧。奇物滋起。法令

滋彰。盜賊多有。故聖人云。我無爲而民自化。我好靜而民自正。我無事而民自富。我無欲而民自樸。

五十八章

其政悶悶。其民淳淳。其政察察。其民缺缺。禍兮福之所倚。福兮禍之所伏。孰知其極。其無正。正復爲奇。善復爲妖。人之迷。其日固久。是以聖人方而不割。廉而不劌。直而不肆。光而不燿。

五十九章

治人。事天。莫若嗇。夫唯嗇。是謂早服。早服謂之重積德。重積德則無不克。無不克則莫知其極。莫知其極。可以有國。有國之母。可以長久。是謂深根。固柢。長生。久視之道。

六十章

治大國若烹小鮮。以道莅天下。其鬼不神。非其鬼不神。其神不傷人。非其神不傷人。聖人亦不傷人。夫兩不相傷。故德交歸焉。

六十一章

大國者下流。天下之交。天下之牝。牝常以靜勝牡。以靜爲下。故大國以下小國。則取小國。小國以下大國。則取大國。故或下以取。或下而取。大國不過欲兼畜人。小國不過欲入事人。夫兩者各得其所欲。大者宜爲下。

六十二章

道者萬物之奥。善人之寶。不善人之所保。美言可以市尊。美行可以加人。人之不善。何棄之有。故立天子。置三公。雖有拱璧以先駟馬。不如坐進此道。古之所以貴此道者何。不曰以求得。有罪以免邪。故爲天下貴。

六十三章

爲無爲。事無事。味無味。大小多少。報怨以德。圖難於其易。爲大於其細。天下難事。必作於易。天下大事。必作於細。是以聖人終不爲大。故能成其大。夫輕諾必寡信。多易必多難。是以聖人猶難之。故終無難矣。

六十四章

其安易持，其未兆易謀，其脆易泮，其微易散。爲之於未有，治之於未亂。合抱之木，生於毫末；九層之台，起於累土；千里之行，始於足下。爲者敗之，執者失之。是以聖人無爲，故無敗；無執，故無失。民之從事，常於幾成而敗之。愼終如始，則無敗事。是以聖人欲不欲，不貴難得之貨；學不學，復衆人之所過，以輔萬物之自然，而不敢爲。

六十五章

古之善爲道者。非以明民。將以愚之。民之難治。以其智多。故以智治國。國之賊不以智治國。國之福。知此兩者亦稽式。常知稽式。是謂玄德。玄德深矣。遠矣。與物反矣。然後乃至大順。

六十六章

江海所以能爲百谷王者。以其善下之。故能爲百谷王。是以欲上民。必以言下之。欲先民。必以身後之。是以聖人處上而民不重。處

前而民不害。是以天下樂推而不厭。以其不爭

故天下莫能與之爭。

六十七章

天下皆謂我道大，似不肖。夫唯大，故似

不肖。若肖，久矣其細也夫。我有三寶，持而保之。

一曰慈，二曰儉，三曰不敢爲天下先。慈，故能勇；

儉，故能廣；不敢爲天下先，故能成器長。今舍慈

且勇，舍儉且廣，舍後且先，死矣。夫慈，以戰則勝，以

守則固。天將救之，以慈衛之。

六十八章

善爲士者不武．善戰者不怒．善勝敵者不與．善用人者爲之下．是謂不爭之德．是謂用人之力．是謂配天．古之極．

六十九章

用兵有言．吾不敢爲主而爲客．不敢進寸而退尺．是謂行無行．攘無臂．扔無敵．執無兵．禍莫大於輕敵．輕敵幾喪吾寶．故抗兵相加．哀者勝矣．

七十章

吾言甚易知，甚易行。天下莫能知，莫能行。言有宗，事有君。夫唯無知，是以不我知。知我者希，則我者貴。是以聖人被褐懷玉。

七十一章

知上不知知，病。夫唯病病，是以不病。聖人不病，以其病病，是以不病。

七十二章

民不畏威，則大威至。無狎其所居，無厭

其所生。夫唯不厭。是以不厭。是以聖人自知不自見。自愛不自貴。故去彼取此。

七十三章

勇於敢則殺。勇於不敢則活。此兩者或利或害。天之所惡。孰知其故。是以聖人猶難之。天之道。不爭而善勝。不言而善應。不召而自來。繟然而善謀。天網恢恢。疏而不失。

七十四章

民不畏死。奈何以死懼之。若使民常畏

死。而爲奇者。吾得執而殺之。孰敢。常有司殺者殺。夫代司殺者殺。是代大匠斲。夫代大匠斲。希有不傷其手者矣。

七十五章

民之饑。以其上食稅之多。是以饑。民之難治。以其上之有爲。是以難治。民之輕死。以其上求生之厚。是以輕死。夫唯無以生爲者。是賢於貴生。

七十六章

人之生也柔弱。其死也堅强。萬物草木之生也柔脆。其死也枯槁。故堅强者死之徒。柔弱者生之徒。是以兵强則滅。木强則折。堅强處下。柔弱處上。

七十七章

天之道。其猶張弓歟。高者抑之。下者舉之。有餘者損之。不足者補之。天之道。損有餘而補不足。人之道則不然。損不足以奉有餘。孰能有餘以奉天下。唯有道者。是以聖人爲而不恃。功成而不處。其不欲見賢。

七十八章

天下莫柔弱於水。而攻堅强者莫之能勝。其無以易之。弱之勝强。柔之勝剛。天下莫不知。莫能行。是以聖人云。受國之垢。是謂社稷主。受國不祥。是爲天下王。正言若反。

七十九章

和大怨。必有餘怨。安可以爲善。是以聖

人執左契，而不責於人。有德司契，無德司徹。天道無親，常與善人。

八十章

小國寡民，使有什伯之器而不用，使民重死而不遠徙。雖有舟輿，無所乘之，雖有甲兵，無所陳之。使人復結繩而用之。甘其食，美其服，安其居，樂其俗。鄰國相望，鷄犬之聲相聞，民至老死不相往來。

八十一章

信言不美。美言不信。善者不辯。辯者不善。知者不博。博者不知。聖人不積。既以爲人己愈有。既以與人己愈多。天之道。利而不害。聖人之道。爲而不爭。

圖書在版編目（CIP）數據

道德經 / 北京華夏文化藝術研究院選編 . -- 北京 ：
文物出版社，2020.6（2021.6 重印）
（華夏傳統文化經典系列）
ISBN 978-7-5010-6696-4

Ⅰ . ①道… Ⅱ . ①北… Ⅲ . ①道家②《道德經》－青
少年讀物 Ⅳ . ① B223.1-49

中國版本圖書館 CIP 數據核字（2020）第 089115 號

華夏傳統文化經典系列：道德經

選　　編：北京華夏文化藝術研究院

策　　劃：北京華夏文化藝術研究院
責任編輯：劉永海
責任印製：蘇　林
封面設計：石　冰　鐘尊朝

出版發行：文物出版社
地　　址：北京市東城區東直門内北小街 2 號樓
郵　　編：100007
網　　址：http://www.wenwu.com
經　　銷：新華書店
印　　刷：三河市華東印刷有限公司
開　　本：710mm × 1000mm　1/16
印　　張：10
版　　次：2020 年 6 月第 1 版
印　　次：2021 年 6 月第 2 次印刷
書　　號：ISBN 978-7-5010-6696-4
定　　價：358.00 元（全十册）